En cette matinée de l'an 139 avant J.-C., sur une place de marché de Rome, un marchand grec brandit à bout de bras une figue provenant de la cité de Carthage sous l'œil de deux sénateurs romains. Le plus jeune des deux considère le fruit avec une petite grimace dubitative :

– Carthage... Que de sang il aura fallu verser. La Méditerranée n'était-elle donc pas assez grande pour nos deux cités, Cassius ?

– Tu es jeune Lucius. Et comme beaucoup de ceux de ta génération, tu penses que nos puissantes murailles nous abritent de tout. Cette figue... elle est fraîche, n'est-ce pas ?

– Évidemment, sinon qui en voudrait ?
– C'est une de ces figues que Caton brandit un jour au milieu du Sénat alors que ce dernier hésitait sur la conduite à tenir envers Carthage.

– Quel rapport avec la guerre ?

– Eh bien, si cette figue est fraîche, c'est qu'elle a mis trois jours seulement pour arriver jusqu'ici. Si ce fruit le peut... une armée le peut aussi.

– ...

– Ce vieux sage savait y faire avec les images. Et tous se rappelaient de l'affaire sicilienne.

– De quelle affaire parles-tu ?

– Il y a plus d'un siècle, en 489 *Flaccus Consule**, les Carthaginois s'allièrent au tyran de Syracuse, Hiéron, et en profitèrent pour renforcer leurs positions en Sicile. Hiéron fut finalement vaincu par nos armées. Mais Carthage ne retira pas ses troupes, bien au contraire... Massées à Agrigente, leurs ombres semblaient se porter chaque jour plus prêt du Latium, couvrant le Capitole d'un voile de terreur. C'est la peur... Oui, la peur, qui décida pour nous. Au terme des premières années de guerre, nos légions avaient remportées de nombreuses victoires. Jusqu'à ce qu'un homme arrive... plus qu'un homme. Un démon.

Selon le calendrier romain, en 489 après la fondation légendaire de Rome, l'année du consul Flaccus.

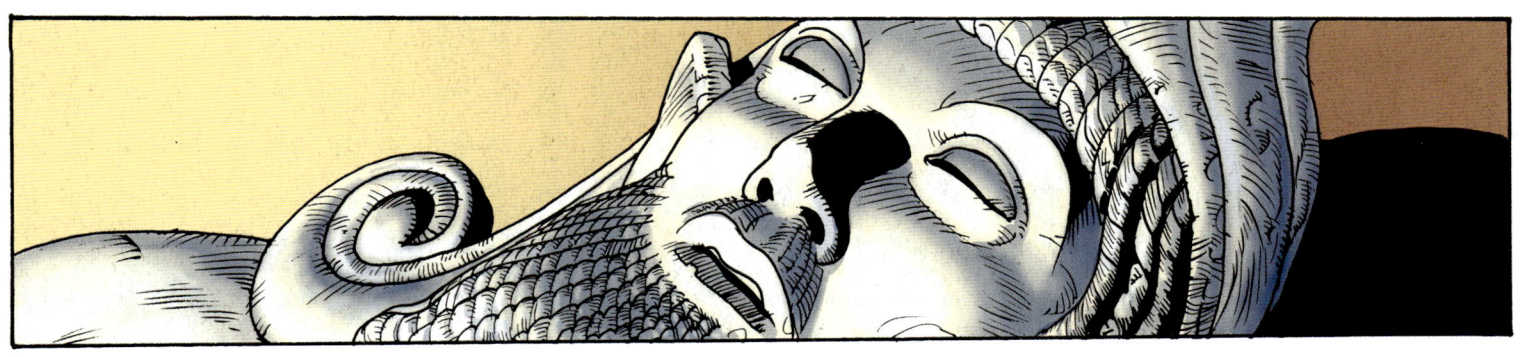

GLOIRE À TANIT, NOTRE MÈRE PROTECTRICE, ET...

... GLOIRE À BAAL HAMON !!

BAAL HAMON... BAAL HAMON... BAAL HAM...

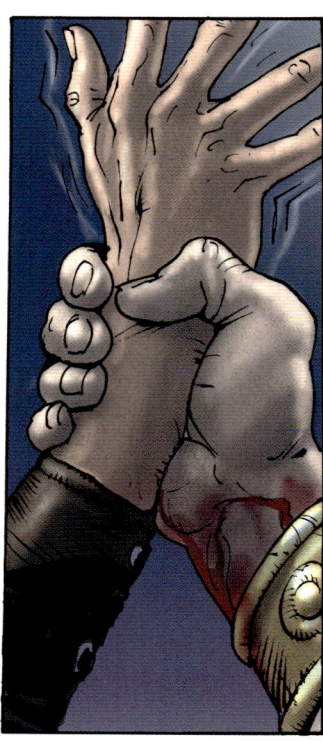

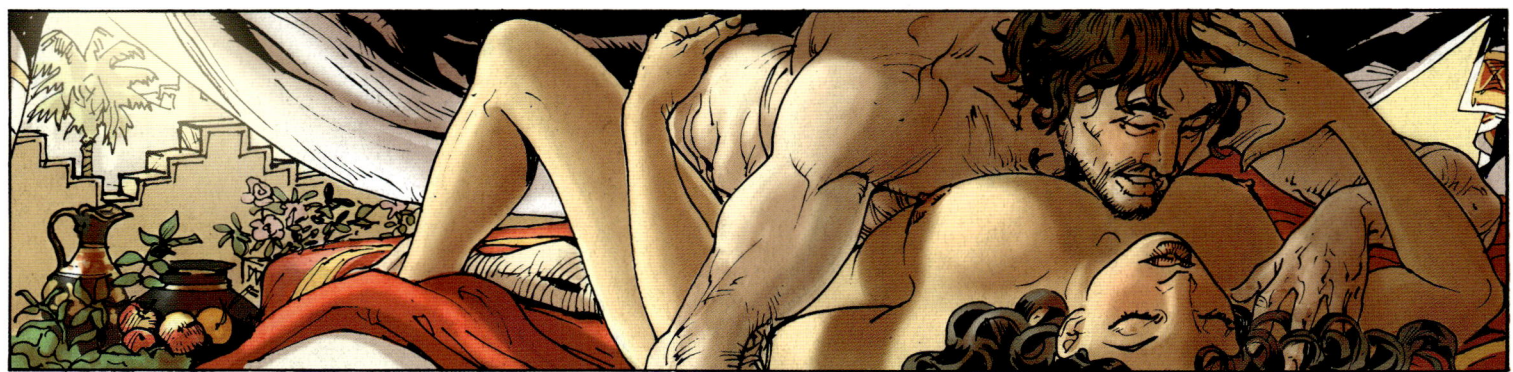

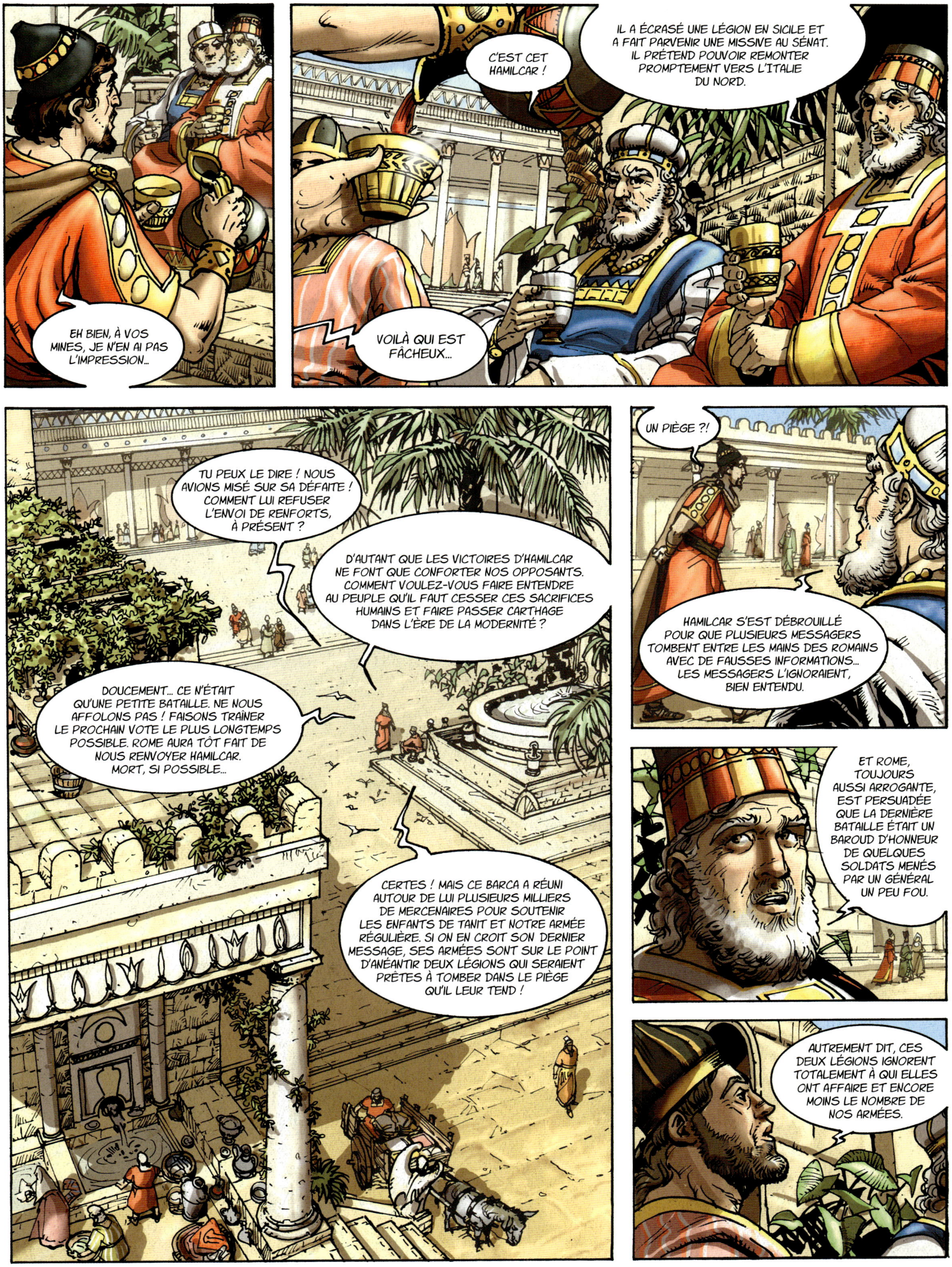

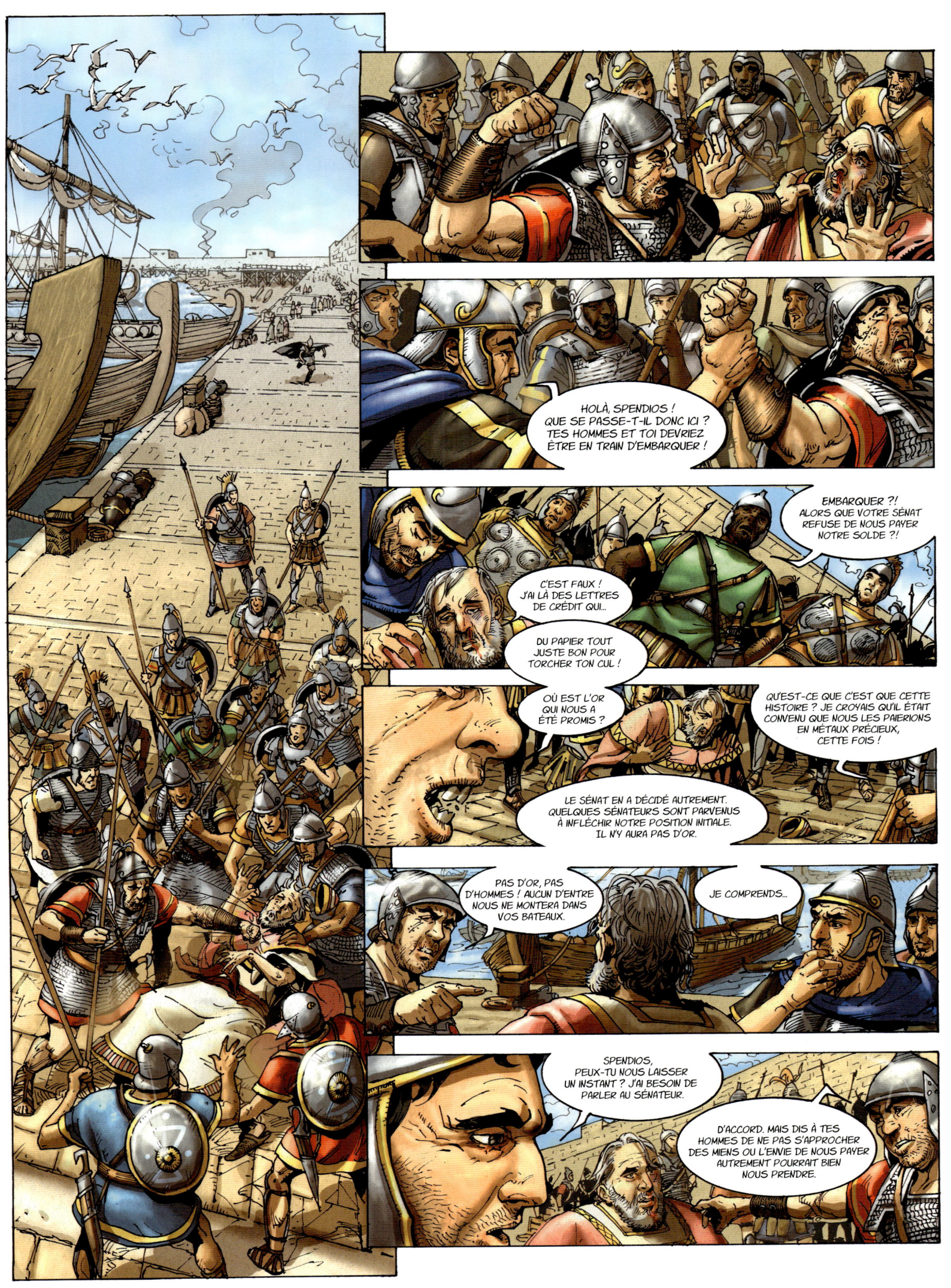

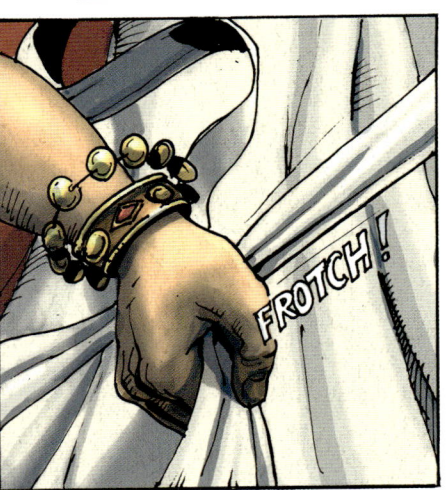

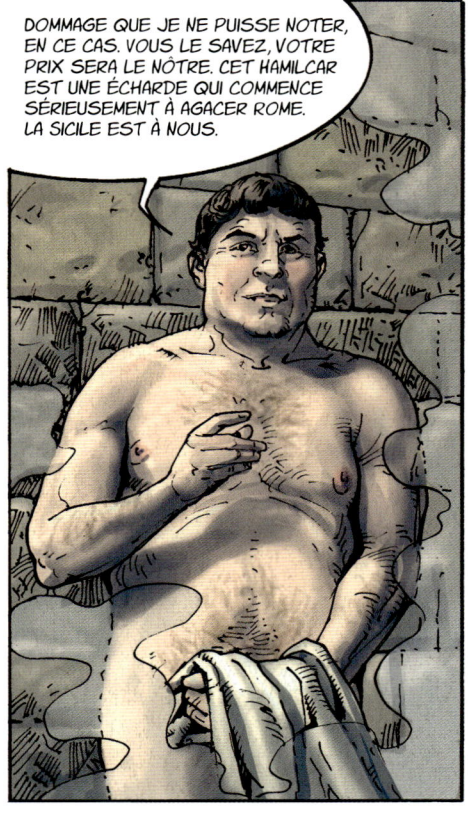

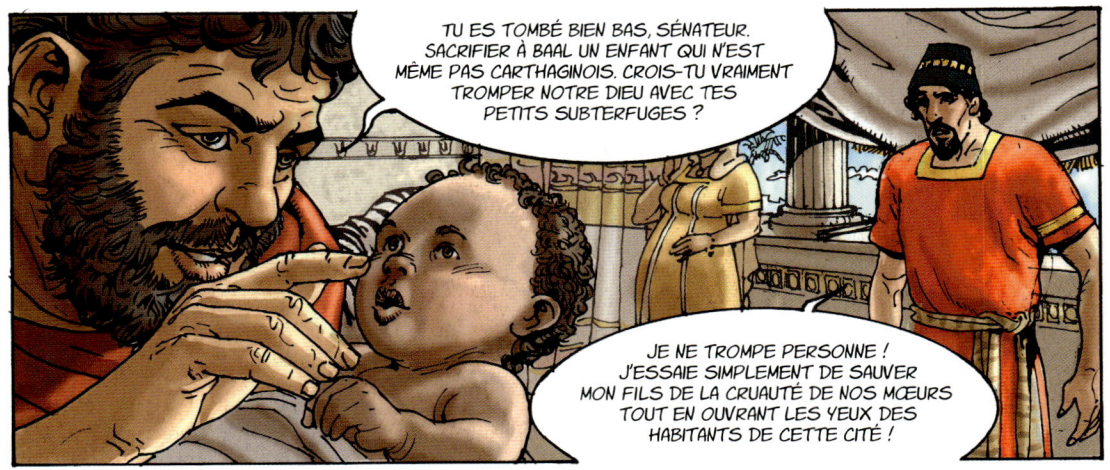

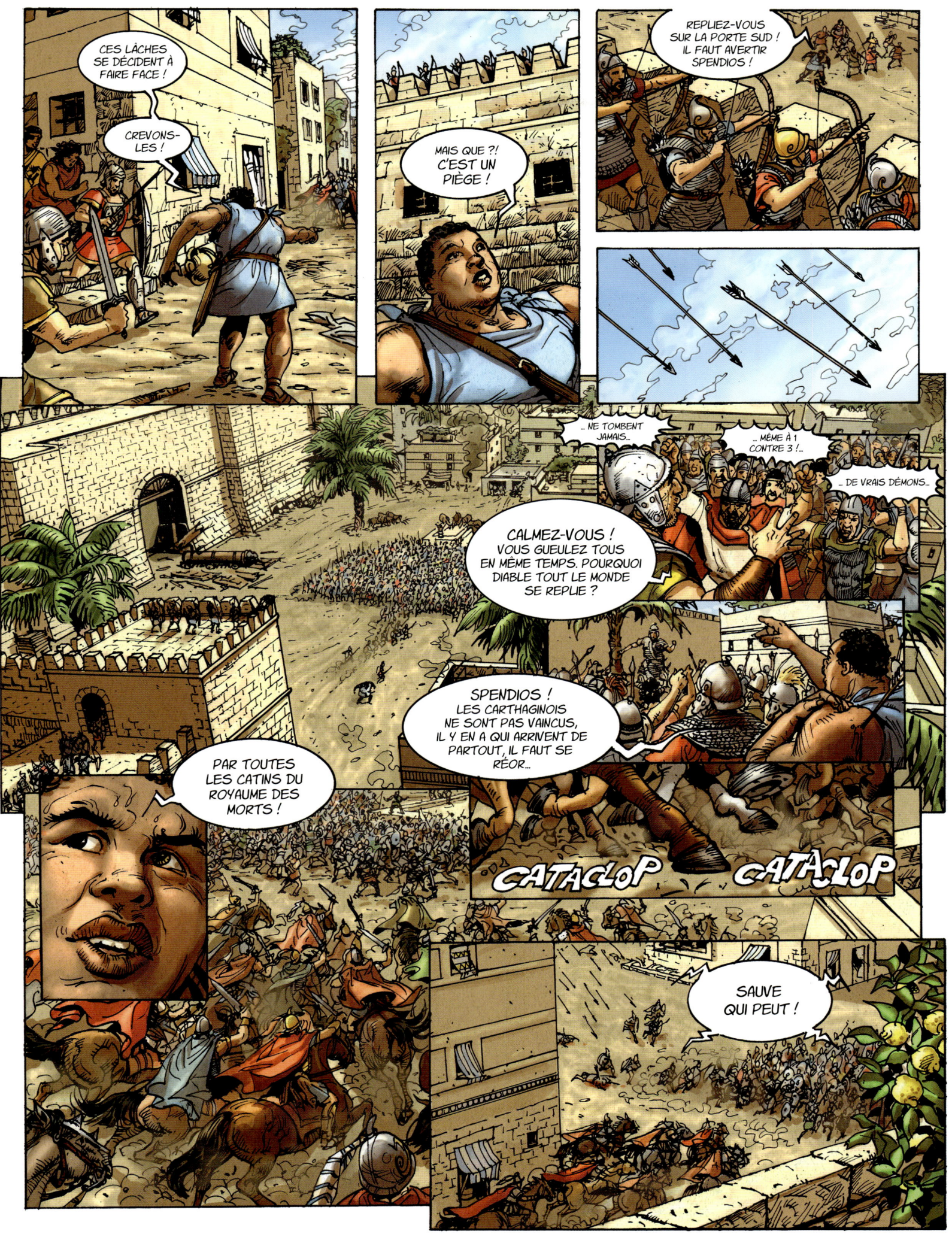

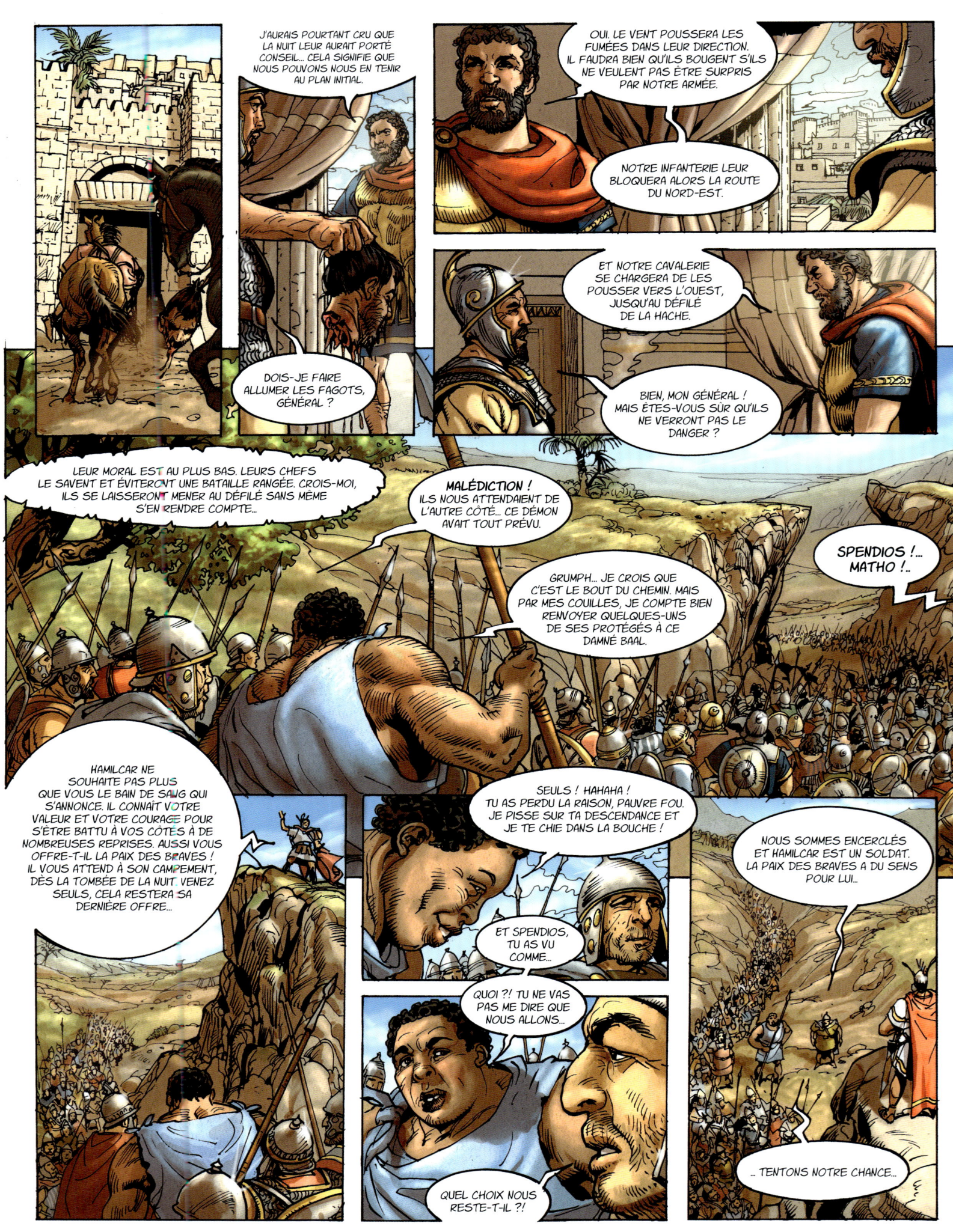

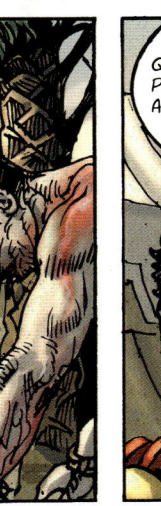

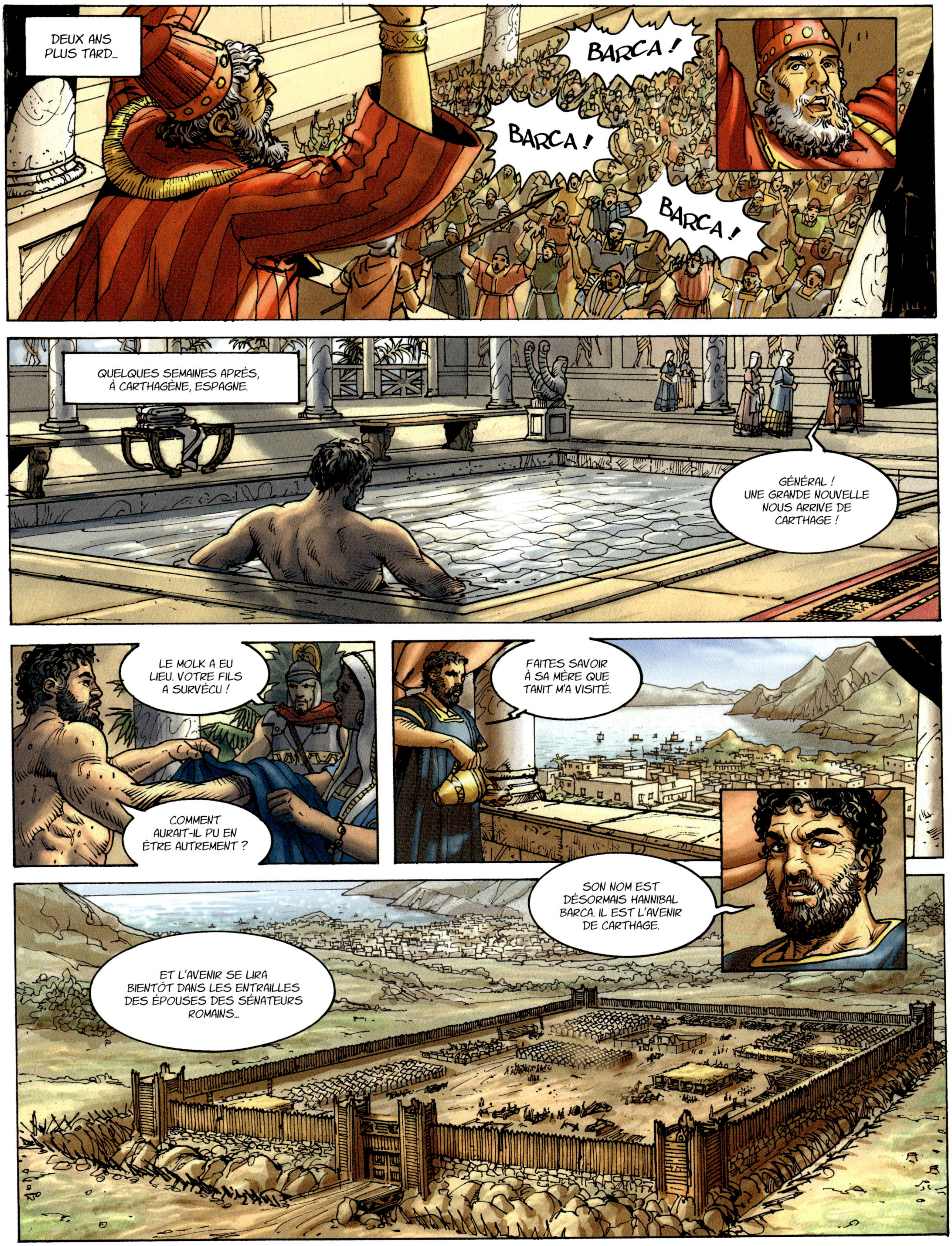